出家50問

學佛入門Q&A

法鼓文化編輯部 編著

〈導讀〉

出家之道

「隋唐時代第一流人才在佛門，二十一世紀的菁英也是。」這句話是聖嚴師父為法鼓山僧伽大學招生海報所下的文案，希望有心出家者皆能成為第一流的僧才，皆能發度眾生的大願心。二十一世紀需要用佛法的觀念與方法來建設人間淨土，希望二十一世紀最優秀的人才，能出家度眾。

傳統中國社會的刻板印象，認為出家是走投無路，萬不得已的選擇；而在現代世界的最新實況，出家者可說是萬中選一的人中龍象，有智慧能看清解脫之道，有願力能承擔眾生苦難，而能捨萬緣，發心出家。因此，現代社會出家者，不乏被視為一流人才的碩士、博士、教授，不乏科技新貴、商業菁英、藝文作家等各種專業領域的尖端俊傑。人們因著人才輩出的僧眾，對於出家成見也大為改觀。

如此說來，不是一流人才便不能出家嗎？出家需要具備大福報，必須眾緣合和方能滿願，但是最重要的條件，還是自己的道心是否堅定。出家前，可能一心只為自己前程奮鬥；決心出家後，則要以度化眾生為生命道路。以我自己來說，出家前，我的「許願」是圍繞著自己與親友，希望他們平安、健康、幸福、快樂。出家後，我的「發願」是希望所有眾生平安、健康、幸福、快樂。人無法選擇自己的出生狀態，但是可選擇以出家方式幫助自己與人們，一起離苦得樂。

一般人對於出家可能心存很多疑惑，修行方式很多種，為什麼非出家不可呢？聖嚴師父的《聖者的故事》，收錄許多佛陀弟子的故事，可從中了解當時出家人是在何種因緣條件裡，發起出家修道的決心，並歷經種種因緣變化的波折與阻撓，而依然不動搖初發心。例如賴吒和羅身為首富的獨生子，擁有人所稱羨的各種奢華享受，但他卻過得不快樂，直到聽聞佛陀的教法，終於明白出家才是他嚮往的道路，所以再多的財富、美女都留不住他。

以我的經驗爲例，出家前在出版社倉庫任職，所以將出家歷程分爲四部曲。第一部曲：享受浪漫逍遙、休閒娛樂的在家人，「調整」成經歷自得其樂、甘之如飴的搬書人；第二部曲：「轉化」成體驗解行並重、中道的修行人；第三部曲：「昇華」成學習出離心、菩提心並行的出家人；第四部曲：目標是「超越」成只有慈悲、智慧，沒有「我」這個人。

出家也可以說是「出枷」，如果不能感受在家生活是種枷鎖，自然不會產生出離心。對我來說，出家前的人生像個大迷宮，進入僧團後，生命則不再需要尋找轉彎處，也不必抉擇左轉或右轉，最終弄得自己團團轉。

對於好奇別人爲何會出家者，我以前會建議先閱讀聖嚴師父的《聖者的故事》；對於想要出家者，則建議閱讀聖嚴師父的《法鼓晨音》、《法鼓家風》；而我現在會多推薦一本《出家50問》，可以解答對於出家的種種疑問。

從《出家50問》一書，不只可以看到僧團的發展歷史與修行典範，更可以看到現代僧團如何適應時代再創新局。全書由四大單元組成：出家的意義、出家的功課、出家的典範、出家的考驗。出家的意義，是古往今來所有的出家人，都必須確認什麼是自己的修行道路、依歸與責任。出家的功課，可讓讀者知道培育僧才之不易，從而更禮敬與珍惜僧寶，而有志出家者，也能參考出家的條件與歷程。出家的典範，則讓我們快速看到從佛陀時代最初的五比丘，僧團如何一路發展至近代，有哪些重要的高僧行誼，透過這些生命故事，效法他們的奉獻精神。出家的考驗，則可了解出家人如何面對內心煩惱與外在誘惑，找出能繼往開來的弘法道路。

現代的出家門徑，比傳統時代的選擇更爲多元。自二〇〇一年，成立法鼓山僧伽大學後，將傳統的師徒制教育，改以學院制方式培養僧衆，我更期盼有道心的青年，能隨佛出家、隨師修行、隨侍衆生。聖嚴師父常勉勵我們，要將出家人的品質提昇至宗教師。我認爲出離心的修行達到極致，成爲阿羅漢，就像武俠小說的武林高手，可成爲「一代宗師」，如果能再加上菩提心的相輔相成，菩薩行的悲智心願，則能成爲人天師範「一代宗教師」。

面對二十一世紀的人類何去何從，期盼佛教出家眾能擔起宗教師的重責，不只指引人生的方向，更領航成佛的道路。

釋常寬

法鼓山僧伽大學男眾副院長

目次

1 出家的意義

2

出家的功課

3

出家的典範

4

出家的考驗

1

出家的意義

Question

01

什麼是出家？

釋迦牟尼佛始建僧團，從五比丘到一千二百五十位大比丘常隨眾弘化，就此展開一缽千家飯的出家生活。出家僧影由印度走入斯里蘭卡、緬甸、泰國、柬埔寨、寮國、中國雲南，袈裟如陽光普照，形成南傳佛教的獨特風光。北傳佛教則從中央亞細亞傳到中國、西藏、韓國、日本、越南，僧眾帶領著人們耕耘心田。近代僧影更由東方走進西方，十方大眾皆有緣親近僧寶。

出家相對於在家，是出離了世俗的家。出家具有三種意義：一是出眷屬家，二是出煩惱家，三是出離自我中心，以第三種最為重要，因為要能放下自我，才能提起眾生，與佛法相契，自利利人。

佛教需要僧人以出家的生活方式修行，有三個原因：

（釋常鐸　攝）

一、爲了生脫死出三界

三界本身就是在煩惱的生死裡，出三界才眞正是離開煩惱，這是出家的目的，因而有出家生活的要求。

二、爲警世導俗

讓迷戀世間五欲的人們，能夠警醒無常，修學佛法。

三、爲佛法住世

佛教需要建立僧團，以能穩定長久地開展弘揚佛法的任務。

世間如此衆多信仰，選擇於佛教出家的目的，對自己是求解脫生死，對他人是爲警世導俗，對佛教則爲住持弘揚。如果出家而不自求了脫生死，毋須出家；出家而不警世導俗，有違佛法化世精神；出家而不住持佛法，有負佛法大恩。

因此，出家並非消極厭世、棄世，而是持戒離欲以出世，發願度眾以入世，實踐願行以化世。入世、化世並非戀世，而是奉獻生命以佛法感化大眾，不再迷失自我，從而淨化社會、淨化人心。出家人的入世、化世，是實踐佛陀的度眾本懷，是成就人間佛教、人間淨土，所以是入世重於出世，利他重於自利，不爲自身求安樂，但願眾生皆離苦。

隨著全球化時代來臨，無論是經濟、戰爭、汙染等問題，都是牽一髮而動全身。如何轉危爲安，需要出家人以心靈環保和佛法修行，爲徬徨的人們提供安心之道，指引希望所在，讓無論是戀世、厭世、入世或出世的人們，都能從佛法找到生命的答案。

Question

02

在家修行也很好，爲何非出家不可？

在家人覺得出家人的生活苦，出家人反倒覺得在家人的生活苦，出家才是離苦得樂之道。

在家與出家的苦樂大不同

收於《中阿含經》的《何苦經》記載，曾有位婆羅門請教佛陀，在家與出家的苦樂有何不同？佛陀開示說，在家與出家都有不同的苦樂。在家人以不能增加錢、金、銀、珠寶、畜牧、穀米、奴婢等爲苦；出家人則以隨貪、瞋、癡而行爲苦。反之，則皆以爲樂。

出家與在家的人生價值觀截然不同，在家人以五欲爲樂，出家人視五欲爲

（釋常鐸　攝）

苦，出家才能幫助自己出離煩惱。佛陀在《大寶積經》裡，爲郁伽長者舉出近一百則，在家不及出家好的理由，如：在家多垢，出家無垢；在家墮落，出家拔墮；在家多憂，出家無憂；在家多怒，出家多慈；在家順流，出家逆流；在家妻伴，出家心伴……。

出家才能出枷斷鎖

《中阿含經》的《迦絺那經》裡，甚至以鎖來形容在家生活的不自由，希望寧捨財物、親族，以出家修梵行：「我今在家，爲鎖所鎖，不得盡形壽修諸梵行，我寧可捨少財物及多財物，捨少親族及多親族，剃除鬚髮，著袈裟衣，至信捨家，無家學道。」

由此可知，出家人與在家人所見的家，是不一樣的家。若說「家」字等同「枷」字的枷鎖，出家便是「出枷」，當然就非出家不可了！

Question

03

佛教出家人和天主教神父、修女有何不同？

佛教出家人和天主教神父、修女有許多相似之處，都是將生命奉獻給信仰與人群，不僅同樣需要經過一定程序的觀察，才能取得資格；也同樣必須持戒嚴謹，生活簡樸，遵守教團清規，過著獨身的團體生活，沒有個人私產。雖然他們都是終生無私地奉獻自己爲大衆服務，但是因著宗教觀的差異，所以信仰理念與修行道路也不同。

獨身目的不同

佛教出家人需要獨身，是爲修梵行以離欲得解脫，並承擔如來家業，弘揚佛法，普濟群生；天主教神父、修女需要獨身，才能全心全意地爲天主做事、爲宗教奉獻，不用分神照顧自己的家庭，可以自由在任何時候、任何地方造福人群。

（釋常鐸　攝）

生死觀不同

佛教出家人修行是爲了生脫死出三界，三界包括欲界、色界、無色界，天道仍在三界生死輪迴內，求了生死的僧人不會選擇投生天道爲天人。天主教神父、修女侍奉主，認爲死亡是邁向天國之路，期盼死後靈魂能升天，進入主的國度，得到永生。

無論所選擇的修行道路爲何，佛教出家人和天主教神父、修女的無私付出，都讓人們明白了生命不只是爲自己而活，可以完全奉獻，讓有限人生發揮無限力量，提昇自己，造福世界。

Question

04

出家人的生命目標在追尋什麼？

出家人的生命目標爲「上求佛道，下化眾生」，因而法名也用上下稱之。像請教出家人法名時會問：「請教法師的上下如何稱呼？」比如尊稱虛雲法師爲上虛下雲老和尚，其寓意即爲此。

出家人是出家菩薩，菩薩行的修行方法是，自覺覺他中自利利他，福慧雙修。上求佛道是自覺，修學佛法讓自己能斷煩惱；下化眾生是覺他，慈悲利生讓眾生能斷煩惱。

有句話說：「一子出家，九祖（族）超生。」意指一個人出家，歷代祖先都得超度。出家能夠報一切恩德，即是因發了「上求佛道，下化眾生」的大願，發了「不爲自身求安樂，但願眾生皆離苦」的悲心，以此爲生命目標精進不息。

（釋常鐸　攝）

Question

05

什麼是僧伽？

僧伽爲佛、法、僧三寶的僧寶，也可簡稱爲僧。僧伽是梵語 saṃgha 的音譯，意譯則爲衆、和合衆。梵漢語合稱爲僧衆、僧團、僧侶、和合僧。由於衆僧和合如海水一味，所以僧伽也稱爲海衆。

僧伽本非專指僧團

在古代印度，僧伽的梵語原意是「衆」，並非專指僧團，無論是政治團體、職業團體、宗教團體皆可稱之，所以佛教也沿用，稱全體教團爲僧伽。自佛陀度化憍陳如等五比丘，開啓僧團的先河後，佛陀的教團依出家衆、在家衆的男女大小，依次分成七等，稱爲七衆弟子：比丘衆、比丘尼衆、式叉摩尼衆、沙彌衆、沙彌尼衆、優婆塞衆、優婆夷衆。

（廖順得　攝）

清楚七衆弟子名稱

七衆弟子皆爲僧伽，但爲免混淆出家衆與在家衆稱法，所以漢譯佛典，稱出家衆爲「僧」，在家衆爲「衆」，以示區別。本來，比丘尼衆也可稱爲尼僧伽，爲不使男女衆混爲一談，便稱群體的比丘爲「僧衆」，群體的比丘尼爲「尼衆」。

既然僧伽的本義是「衆」，如果只有一位僧人，能不能稱爲僧伽或僧寶呢？佛教以四人爲衆，所以必須是四位以上的比丘（比丘尼）的出家衆團體，才能稱爲僧伽。

Question

06

什麼是六和敬？

《仁王經》說：「住在佛家，修六和敬。」只有依六和敬法為共住規約，才是出家僧眾。佛陀的教團稱為僧伽，意思即是和合眾、和合僧。和合即無私，凡事捨己從公，稱為僧。

因此，僧團必修六和敬：身和同住、口和無諍、意和同悅、戒和同修、見和同解、利和同均，方能名為和合僧，名為僧寶。

六和敬的精神為無我、平等，從身體、言語、意念、規則、見解、利益等六個面向實踐：

（李澄鋒　攝）

一、身和同住

出家眾身業同，和合共住，清淨共修。

二、口和無諍

出家眾口業同，不會妄言、綺語、兩舌與惡口，發生爭執。

三、意和同悅

出家眾意業同，對修學佛道有一樣的信心，歡喜信受，志同道合。

四、戒和同修

出家眾持戒同，大家都遵守戒律，不享特權，人人平等。

五、見和同解

出家衆見解同，對於佛陀的教法，見解一致，具有共識。

六、利和同均

出家衆衣食同，利益相同。大家受用一樣，有福同享，不會厚此薄彼。

團體如果沒有紀律，便是一盤散沙，僧團千百年來能如海納百川，始終和樂無諍，關鍵就在於六和敬。六和敬猶如定海神針讓大海衆波瀾不興，相處和諧，佛教因而能常住世間。

Question

07

佛教出家衆有哪些類別？

佛教出家衆的主體爲比丘、比丘尼，合稱出家二衆；如依性別及是否受具足戒來分，出家衆可分爲：比丘、比丘尼、式叉摩尼、沙彌、沙彌尼，合稱出家五衆或五內衆。男衆出家的次第爲：沙彌、比丘；女衆出家的次第爲：沙彌尼、式叉摩尼、比丘尼。

一、比丘

比丘爲出家已受具足戒的男性弟子。年滿二十歲，才能受比丘戒。

二、比丘尼

比丘尼爲出家已受具足戒的女性弟子。年滿二十歲，才能受比丘尼戒。

（周淑瑛　攝）

三、式叉摩尼

式叉摩尼為由沙彌尼進入比丘尼階段的女性出家弟子，要經過為期兩年的觀察期，除習慣出家生活和戒律，並防止懷孕後出家的情況。

四、沙彌

沙彌為出家受持十戒，但尚未受具足戒的男性弟子。不滿二十歲的少年，只能受沙彌戒。

五、沙彌尼

沙彌尼為出家受持十戒，但尚未受具足戒的女性弟子。不滿二十歲的少女，只能受沙彌尼戒。

Question

08

什麼是戒臘？

對於高僧圓寂後的生平介紹，初學佛者可能看得一頭霧水，世壽八十，僧臘六十二，戒臘六十，老和尚到底幾歲呢？

世壽、僧臘、戒臘

出家人的年齡有很多種分類方法，第一種是世壽，從出生後計算歲數；第二種是僧臘，也稱法臘，從出家後計算歲數；第三種是戒臘，從受具足戒後計算歲數。對出家人來說，戒臘最爲重要。

中國傳統的臘字，是指農曆十二月除夕爲受歲之日；戒臘的臘字，則是指結夏安居終了之日，即農曆七月十五日爲受歲之日。出家人每經過一次安居，就增

（梁忠楠　攝）

加一年的戒臘資格，因而稱為坐臘。出家人不以世壽年齡論大小，而是以戒為師，以安居的戒臘為標準。

戒臘建立僧團倫理秩序

戒臘類似世間一般所說的年資，僧人等級或排班順序，通常是以戒臘為序。傳統叢林寺院，還設有戒臘牌，為依戒臘來登記席次的木牌。出家人以戒臘高者為尊長，例如長老、尊者的稱謂，即是尊稱戒臘長、道行深的比丘。像是長老舍利弗、長老阿難或舍利弗尊者、阿難尊者。而僧團也依戒臘多寡，而能長幼有序，建立僧團倫理秩序。

Question

09

爲何男衆可出家七次，女衆只能一次？

佛陀主張衆生平等，但是佛教男衆出家可七進七出，女衆出家卻只能一次，讓很多人不解爲何出家機會不公平。

佛陀時代稱爲原始佛教，佛陀入滅後進入部派佛教時代，部派佛教有二十多個部派，皆有不同的戒律規定，其中一個部派提到男女衆出家的問題，男衆出家可有七次還俗的機會，即六次還俗後，還可第七次出家，女衆則只能出家一次，如果還俗，就不能再剃度出家。

戒律與時代環境影響

雖然在佛陀時代，戒律會因人、因時、因事，視當時的狀況而修正戒律，直到佛陀入滅，戒律還沒有修訂完成，可是沒有人敢代佛陀修訂戒律。因此，雖然只有一個部派如此規定，但是確實存在這條戒律，於是便繼續遵守。

爲何會有如此的規定呢？可能是因爲當時印度的環境所限，戒律規定出家男衆有保護出家女衆的義務，但是男性不容易出家，而女性容易出家，如果女性能有七次出家機會，使得出家女衆人數過多，便無法照顧周全。爲鼓勵男性出家，希望即使還俗仍能再度出家，所以男性有七次出家的機會。如果不多給予男性出家的機會，出家男衆日漸變少，出家女衆會更缺乏保護者。

一往無悔堅持到底

出家次數的規定，有其時代的社會背景與形成原因。對發心求度者來說，出家戒是盡形壽，窮盡一生要受持的，無論是男衆或女衆，在出家前皆應思考清楚，一旦確認了，宜一往無悔堅持到底，以免辜負僧團培育與信施護持，也不虛擲此生。

Question

10

佛陀時代的僧團如何生活？

佛陀悟道後，席不暇暖地遊化於恆河兩岸。遊化度眾的結果，隨著弟子們的一路追隨，佛教的教團便自然形成。

生活簡單，專心辦道

原始佛教初期弘法，僧團仍沿襲古老的林居習俗，住於樹下、塚間、山岩、或靜處。隨著僧眾增多、僧團擴大，佛陀爲方便教導，所以接受信眾供養的精舍。僧制僧人只有三衣一缽，生活所需皆由信眾供養，所以能專心辦道。僧團的生活非常簡單樸實，都是二六時中在修行。所謂的二六時中，也就是一天二十四小時，不論行住坐臥、語默動靜，都在用功，可說是「行亦禪，坐亦禪，語默動靜體安然」。

（李澄鋒　攝）

佛陀僧團的基本作息

僧團的基本作息爲：

1.晚上十點睡覺，凌晨兩點起床。

2.凌晨兩點到早上六點禪坐。

3.上午六點到十點，盥洗與打掃環境後，外出托鉢。

4.上午十點到下午兩點，用齋後休息或禪坐。

5.下午兩點到六點，禪坐或開示說法。

6.晚上六點到十點，繼續禪坐。

由此可知僧衆一日時光，大都用於修定，僧團共住時，不是寂靜禪坐，便是研究法義的法談，沒有閒談或生活娛樂。如此專心修道，怎能不證得阿羅漢果？難怪佛陀僧團能有五百位阿羅漢。

Question 11

中國禪僧為何過農禪生活，不托鉢乞食？

佛陀時代的早期出家人，最初不住在寺院，周遊弘化，日中一食，樹下一宿，過著隨緣托鉢的簡單生活。隨著教化弟子增多，有居士供養精舍，仍是乞食維生。但是中國僧人無法托鉢，除因山林少人煙，社會大衆也輕視乞食，認為既卑微又不事生產，連帶也無法學法敬僧。

馬祖建叢林，百丈立清規

中國僧人面對這樣的困境，終於在「馬祖建叢林，百丈立清規」，有了全新的突破，佛教中國化圓滿成熟，並形成中國寺院獨特的出家生活風貌。叢林是禪宗寺院的名稱，唐代馬祖道一禪師創建叢林，讓禪僧不必再棲居岩穴，能有安住共修的道場；其弟子百丈懷海禪師則制定清規，名為《百丈清規》，開啓了叢林農禪的先路。

百丈禪師深知漢文化的社會環境異於印度，無法全賴朝廷、信衆供養，如果不將佛教本土化、實用化、制度化，做到能自給自足的農禪化，可能將無立足之地。百丈禪師的洞燭機先，讓佛教各宗經歷滅佛法難摧殘殆盡後，只有禪宗能憑藉山林而保持繁興。

一日不作，一日不食

有鑑於此，中國僧人有了共識與警覺，要依《百丈清規》建立叢林規矩制度，佛教方能自保，並普傳佛法，所以天下叢林皆依《百丈清規》爲寺院生活法則。中國僧衆以叢林清規制度管理僧團，朝暮課誦，自耕自食，不被視爲坐享其成者。百丈禪師的「一日不作，一日不食」精神，也成爲了僧人的榜樣。

（梁忠楠　攝）

現代的工商社會，雖然已不再需要禪農生活，但是清規制度精神，仍維繫著佛教的生命活力。如結夏安居、寺院安單、打七、請職、出坡、鐘鼓法器……，皆是重要的僧人生活與寺院活動，讓法音能宣流不絕，歷久彌新。

Question

12

中國的出家人爲何都姓釋？

佛陀的弟子出家後，皆保留俗家的名字稱法，未另取法名，如舍利弗、目犍連、阿難尊者皆是。中國人出家，則不但剃髮換僧衣、僧鞋，並從此不再稱俗名，統一姓釋。

促成佛教的統一和發展

僧人統一姓氏爲釋，來自於東晉道安大師的倡議。佛教傳入中國後，外國僧人有依國籍爲姓氏，如天竺國的竺法蘭、安息國的安世高；有依佛、法、僧三寶爲姓氏，如佛圖澄、僧伽達多。中國僧人則有沿用俗姓，如嚴佛調、朱士行；或師承師姓，或用私淑景仰僧人的姓。由於僧人姓氏太過混亂，不便佛教的統一和發展，所以道安大師希望建立僧團制度，統一僧人姓氏，以便凝聚力量。

（李澄鋒　攝）

傳承釋迦牟尼佛法脈

道安大師主張，佛以釋迦爲氏，佛子宜從佛之氏，即姓釋。道安大師原稱竺道安，便就此改爲釋道安，但是當時僧衆還不能接受統一改姓釋，直到《增一阿含經》漢譯後，才確信無疑。「我法中有四種姓，於我法中作沙門，不錄前名，更作餘字，猶如彼海，四大江河皆投于海而同一味，更無餘名。」因此，中國僧人不復用俗家姓氏，以姓釋傳承釋迦牟尼佛法脈。

Question 13

南傳、藏傳、漢傳佛教出家人有何不同？

南傳、漢傳、藏傳三大佛教傳統，皆爲佛陀一脈相傳，皆志求佛道與推廣佛法，然而經過兩千五百多年的流傳，爲適應當地的文化與環境，而發展出不同特色。僧衆的出家生活與修行方法，也開展出生氣蓬勃的不同風光。

南傳佛教僧人以東南亞國家與中國雲南人民爲主，藏傳佛教僧人以西藏、尼泊爾、不丹、蒙古人民爲主，漢傳佛教僧人則以中國、日本、韓國、越南人民爲主，隨著佛法的傳播全球，佛教僧人已跨越膚色與種族。南傳、藏傳、漢傳佛教的出家人，因著教義、戒律的不同傳承，以及語言、文化的差別，無論是梵唄、法器、僧服、飲食、道場建築等，都各有特色，但是最大的差異還是在經典傳承與修持方法，以及尼衆傳承問題。

南傳佛教的阿羅漢

南傳佛教為上座部佛教，較接近原始佛教的面貌。從南傳佛教的僧衣與托缽乞食，可遙想佛陀時代僧眾的出家生活。南傳佛教出家人保持原始佛教的樸實風貌，行事作風與思想也較為保守，認為有責任持守戒律、維持傳統，以保持佛陀教法的純淨性。對於戒律的態度為：未制定的不應再制，已制定的不應廢除，佛陀如何制定即應如何奉行。南傳佛教的佛典為巴利三藏的《南傳大藏經》，南傳佛教的經典語言屬於巴利語體系，又稱巴利語系佛教。南傳佛教特重解脫煩惱與今生解脫，認為只要證至阿羅漢果，即得解脫生死。

漢傳與藏傳佛教的成佛之道

漢傳與藏傳佛教同屬於北傳佛教，皆有顯教與密教。北傳佛教的大乘思想來自大眾部，認為阿羅漢、辟支佛非究竟，應自利利他修菩薩道成佛，生生世世乘願再來度眾生。中國佛教僧人素食，也是菩薩道的具體實踐。漢傳與藏傳佛教的

（李澄鋒　攝）

開放性強，所以能兼容並蓄融入社會大眾，開展出新的佛教文化。

漢傳佛教流傳兩千多年，漢譯的《大藏經》部秩非常浩大，韓國、日本接受中華文化影響，以漢文刊行的三藏，均屬於中文《大藏經》。藏傳佛教的《藏文大藏經》，則包括甘珠爾、丹珠爾。漢傳佛教與藏傳佛教皆重視師承法脈，但是藏傳佛教特別重視上師，修學密法必須依靠具德上師的傳法，嚴守三昧耶戒。

而在女性出家眾部分，目前僅有漢傳佛教傳授比丘尼具足戒，南傳佛教只有八戒女，藏傳佛教則正努力恢復比丘尼傳戒。

南傳、藏傳、漢傳佛教的出家人，雖然發展出不同的修持方式與生活文化，但不論說的是巴利語或中文，寫的是藏文或漢字，都是佛陀的般若智慧，皆是代佛宣化的僧寶。

Question

14

爲何出家人是人天師範？

在生死輪迴的六道裡，天道的天人專享福報、受樂果，不易修行；阿修羅道眾生福如天人，德非天人；地獄道、餓鬼道、畜生道眾生專感惡報、受苦果，無法修行；唯有苦樂參半的人道，能同時激發人的出離心與菩提心，也唯有人道能出家爲僧，離欲修行，可爲人間與天人的表率。

引領眾生出離生死大夢

所有的眾生皆以三界爲家，所以流轉生死，而出家本爲出三界的家，上求佛道，下化眾生，所以出家人不但能解脫自己的生死煩惱，更能引領眾生出離生死大夢。天人縱然爲天神，卻既未斷欲，也不想離欲，無法了脫自己的生死，也無法爲眾生指引涅槃之道。出家人不戀欲界欲樂，也不貪色界、無色界的禪定妙

（釋常鐸　攝）

樂，而能爲人天師範，受人天敬重爲僧寶。

世間層出不窮的宗教詐欺事件，都是來自人的貪欲，貪財、貪色、貪名利或貪神通。出家人既然能捨微妙的天界樂受，更何況是粗重的世間欲樂呢？出家人修離欲的清淨梵行，一旦皈依三寶，禮佛敬僧爲師，即遠離種種邪說、煩惱，能以清淨心修行。

人天欽悅，堪受供養

竺摩長老於《正覺的啓示》指出，出家人爲何是僧寶呢？一因僧相，二因僧德。僧相即是捨俗依僧，緇衣圓頂，能受三壇大戒，守別解脫戒，並依律住，不犯重罪，遵循六和敬。僧德即是能修證定慧，學通經論，行解相應，弘揚佛法，所以能爲人天之所欽悅，堪受供養。

禮敬僧寶，能讓我們因著人天師範的現身說法，確信煩惱即菩提，生死即涅槃，而能同發菩提心與出離心，同行菩薩行，皆共成佛道。

2

出家的功課

Question

15

如何知道自己適不適合出家？

如果有人問你：「你是否想要出家呢？」你會如何回答呢？居士們多多少少都可能想過出家一事，卻很難清楚自己到底適不適合。

南北朝的齊文宣王蕭子良曾於《淨住子淨行法門》說明出家十八法，如果自信能通過此十八關考驗，便可考慮出家修道，包括：割愛辭親、捨棄勢位、棄散錢財、不貪聲色、不貪睡眠、忍耐飢苦、精進勤勞、忘形捨命、處靜自檢……，有的內容雖已不適用於現代，但是無論古今，出家都必須有捨離感情、五欲、我執的決心。如果自己仍有照養家庭的責任，或是放不下事業、感情等，仍可以居士身分來護持佛教，不一定要出家。

完全的奉獻

出家必須要將自己全身心奉獻給三寶、奉獻給衆生，才能名爲出家。如聖嚴法師於《法鼓家風》所說：「眞正的宗教師，必須有奉獻的精神，奉獻生命、奉獻一切來修學佛法、護持佛法和弘揚佛法。一個宗教師就應該要有這樣的胸襟和悲願。如果出家的目的，只是希望過一個安靜的生活或是逃避現實，抱這種心態出家以後，保證是一個自私的煩惱鬼，不可能得解脫，而且因爲沒有正確的發心，煩惱只會愈來愈重、愈來愈多。」出家的目的既爲自求解脫，也爲助人解脫，願衆生皆無生死煩惱，同成佛道。

佛教稱出家爲大丈夫事，非英雄將相所能爲。因爲英雄將相的戰場至多只在人間，出家人則必須出離三界生死。出家人是大丈夫，能屈、能伸、能放、能提，能忍受種種折磨，義無反顧地修道奉獻，永不退轉。

（釋常鐸　攝）

先體驗出家生活

如果有心出家，因緣也具足，但不確定能否適應僧團生活，可先擔任寺院的義工，或參加寺院的出家體驗營，例如法鼓山僧伽大學舉辦的生命自覺營。而無論是寺院或佛學院，通常對求度出家者，也會有一或二年的觀察期。因此，對於是否適合出家，不需要徬徨，也不需要疑惑，只要回到自己的初發心。

Question
16

出家要具備哪些條件？

人人都可以皈依三寶，成爲佛教徒，但是出家人是人天師範，要統理大衆，所以必須慎選僧才，寧缺勿濫。

出家需要身心條件適合，年齡適齡。最基本的條件爲，不能有十三重難與十六輕遮，受出家戒時，如犯任何一條都不得出家。

一、不犯十三重難

十三重難包括：1.邊罪難（曾受戒卻犯大戒），2.破他梵行難，3.賊心受戒難，4.破內外道難（爲破壞佛教而出家的外道），5.黃門難（閹人），6.弒父難，7.弒母難，8.弒阿羅漢難，9.破僧難，10.出佛身血難，11.非人難（八部鬼神變化人形），12.畜生難（畜生變爲人形），13.具二根難（具有男女兩種性器）。

十三重難只要有犯其中一條，便永遠不能出家。之所以名爲「重難」，是因爲這是完全無法改變的自性惡，非受具之器。

二、不犯十六輕遮

十六輕遮包括：1.不知自己之名，2.不知和尚之名，3.年不滿二十，4.不具三衣，5.不具缽，6.父不聽（允許），7.母不聽（允許），8.負債，9.爲他人奴，10.爲官人（軍公現職人員），11.非爲男子（尼則非爲女子），12.有癩病，13.有癰疽，14.有白癩，15.有乾痟病，16.有顚狂。

十六輕遮如犯其中一條，便暫時不能出家，待因緣改變後，可重新受戒出家。之所以名爲「輕遮」，因爲非自性之惡，只是受具不適，而遮止不能受戒。

（釋常鐸　攝）

三、適齡出家

七歲以下、七十歲以上，年紀太小或太大，皆不能出家；二十歲前、六十歲後，雖許出家，但不能受比丘戒，年紀小者爲小沙彌，年紀老者爲老沙彌，小沙彌長大後終可成大比丘，老沙彌則永不得受大戒。

以上這些規定，皆是佛陀親制的出家條件。但是中國佛教在發展過程裡，因著種種因緣，而往往有開緣情況，所以歷來很多法師都希望道場能嚴選僧才。畢竟出家人如果沒有爲僧的威儀，不具足奉獻服務的條件，出家反而自誤誤人，而非自利利人。

任何人都不可能憑一時衝動就出家爲僧，出家需要內緣與外緣條件齊備，才能成爲僧人。出家的內緣條件除了自己的道心外，要得到父母的同意，必須沒有婚姻關係，沒有情感、官司、債務糾紛，沒有抽菸、酗酒、賭博一類不良嗜好。

由於出家要弘法利生，所以需要精神與身體健全，儀容端莊，沒有傳染病等問題。出家的外緣條件，則是要有依止的寺院與師父能求度。

在種種的出家條件裡，最重要的還是道心，如果無法發菩提心和出離心，全心奉獻三寶，即使所有的條件都圓滿了，自己也不會決心出家。反之，即使一時之間無法圓滿，只要堅定道心，即使此生無法滿願，來生也有因緣，畢竟菩薩道是生生世世，都乘願再來。

Question 17

如何申請出家？

申請出家的方式很簡單，原則上，只要得到一位剃度師同意，便可剃度出家。衆多林立的佛學院，都招收有志出家者報考入學，所以申請出家的資訊與管道，非常豐富多元。

男衆出家者的剃度師必須爲比丘，需有十年以上的戒臘；女衆出家者的剃度師必須爲比丘尼，需有十二年以上的戒臘。由於剃度師往往即是沙彌、沙彌尼戒的和尙與和尙尼，甚至是比丘、比丘尼戒的和尙與和尙尼，所以需要了解戒律，才能說戒、授戒。出家方式看似簡單多元，但一般寺院與佛學院，都不會立即爲求度出家者剃度，會有一到兩年不等的觀察期。求度者能在觀察期間，練習適應僧團生活與確定自己的人生方向，而僧團也能從中了解求度者是否適合出家。

（釋常鐸　攝）

Question 18

可以自己剃頭出家嗎？

有的人以爲剃除頭髮就是出家，可以在自家裡自行出家，從此與世無爭。其實，只要不是由剃度師剃髮，就不是如法的剃度；只要沒有受出家戒，就仍然是位居士。

佛教將剃髮得度的儀式，稱爲剃度式或得度式。剃度是出家必有的剃髮受戒儀式，所以不能省略儀式自行剃度。男眾應由比丘剃度，女眾則應由比丘尼剃度。剃度至少具有三個重要意義：

一、剃除煩惱習氣

頭髮是三千煩惱絲，代表無數的煩惱習氣，所以剃髮等於剃除煩惱習氣。破相出家圓頂，不只是出家人與在家人外形一大區別，也代表捨棄世俗的生活享受，從此過簡樸簡單、清淨無染的出家生活。

二、剃除傲慢自大

剃髮爲破慢法，能消除人的傲慢心。古印度對犯重罪者處以剃髮刑罰，所以剃髮被視爲奇恥大辱，但佛陀卻自剃除髮，出家弟子皆須剃度，因爲削髮能助人放下傲慢，斷除誘惑，安心修道。

三、剃除親情牽掛

《孝經》說：「身體髮膚，受之父母，不敢毀傷，孝之始也。」而剃髮即象徵放下所有的親情牽掛，從此一心修道。

四、剃髮以區別其他宗教徒

古印度各種宗教教派林立，圓頂無髮的外貌，能讓人一看便知爲佛教僧人，

（王傳宏　攝）

具有識別功能，而能成爲僧尼的標誌。

佛陀成道後，親自爲五個隨從者剃髮，他們於是成爲佛教最早的五位出家人，從此，便制定了剃度儀式，代代相傳不絕迄今。佛不在世後，由代佛宣化的僧寶傳承法脈，因此，剃髮如果沒有剃度師的傳法，即使除盡鬚髮，仍無法得度出家。

Question

19

出家要受什麼戒？

出家必須受三壇大戒，受過完整的具足戒，才能成爲眞正的僧人。如果沒有受戒，即使削髮修行，仍爲居士。出家戒共分五大類：比丘戒、比丘尼戒、式叉摩尼戒、沙彌戒、沙彌尼戒。男性出家弟子要依序受：沙彌戒、比丘戒；女性出家弟子要依序受：沙彌尼戒、式叉摩尼戒、比丘尼戒。

剃度與受戒

通常授沙彌、沙彌尼戒，都是包含在剃度儀軌，即剃度儀式完成後，當天即可接著授沙彌、沙彌尼戒。如果剃髮染衣，卻未受沙彌、沙彌尼戒，則稱形同沙彌、沙彌尼。表示尚未受戒，不能列入沙彌、沙彌尼，只是形相同沙彌、沙彌尼一樣。未受沙彌、沙彌尼戒者，可於戒場受三壇大戒時受持。原則上，沙彌尼滿

（釋常鐸　攝）

兩年後，可求受式叉摩尼戒，再滿兩年觀察期後，可求受比丘尼戒。

三壇大戒

三壇大戒是中國佛教特有的授戒儀式，分爲初壇正授、二壇正授、三壇正授三大階段。初壇授沙彌、沙彌尼戒，二壇授比丘、比丘尼的具足戒，三壇授出家菩薩戒。受具足戒時，戒場必須具足三師七證，也就是要有十位戒師。三師爲戒和尚、羯磨師、教授師；七證即是七證師，是能證明受戒的七位與會比丘。

圓滿受戒後，便是正式的出家人了。

Question

20

受戒出家一定要頭頂燃香嗎？

對於判斷是否爲佛教僧人，很多人除了看僧衣，還會以頭頂是否有香疤，做爲識別的方法。雖然有很多僧人會在受出家菩薩戒時頭頂燃香，但其實戒場並沒有這樣的規定，自然也不會要求燃三炷或九炷，燃不燃香可以自由選擇。

堅定出家的道心

有些人以爲燃香是爲了燒身供佛，其實佛菩薩並不需要人們如此供養，受戒燃香是爲了堅定自己的出家道心，完全出於個人的心願。透過極度的疼痛，能警醒自己出家的意義，勿貪著身體，而遺忘生死大事與度衆願心。特別是在燃香時，戒師會要受戒者發願：「假使熱鐵輪，於我頂上旋，終不爲此苦，退失菩提心。」往後遇到難行、難忍之事，便都難行能行，難忍能忍。

不忘初心不退轉

受戒出家後，只要剃髮，就能再度提醒自己，無忘初心，一肩承擔如來家業，永不退轉。

Question
21 爲何漢傳、南傳、藏傳佛教的僧服顏色和樣式未統一？

漢傳、南傳、藏傳佛教出家人所穿的僧服，雖然樣式不同，顏色也未統一，但其實都遵守著佛陀制衣的精神。

壞色衣

佛陀出家時，即穿著雜色衣，不貪染享受。佛陀也以此離欲精神，要求弟子穿壞色衣（袈裟），並只允許擁有三衣：

1. **安陀會**：即內衣、小衣，又稱五條衣。工作時所穿著，方便活動。
2. **鬱多羅僧**：即上衣、中衣，又稱七條衣、入衆衣。禮拜、聽講、布薩時所穿著。
3. **僧伽梨**：即禮服、大衣，又稱九條衣。外出托缽、說法教化、奉召入宮時所穿著。

除撿拾骯髒廢布，洗淨後爲糞掃衣穿著外，佛陀也允許僧眾接受信眾所布施的乾淨衣料，但是要熬煮樹皮成染料後，將衣料染色，稱爲壞色衣。壞色有青、黑、木蘭（或作茜色、赤色）的三種顏色，避免青、黃、赤、白、黑五種正色。但是即使規定爲三色，僧衣其實並沒有統一的服色。後來，因爲種種實際的需求，所以佛陀允許弟子可以持有其他用途的布料，以適應不同條件，樣式自然無法統一。

因應環境需求的僧服

佛制三衣與要求壞色衣的目的，都是爲了避免僧眾對衣物產生貪愛。隨著佛教弘化的區域日漸擴大，終年炎熱高溫的印度，與有嚴寒冬雪的漢傳、藏傳佛教地區，對於衣著的需求自然大爲不同。因此，印度原本沒有僧帽，而西藏則需要

（江思賢　攝）

僧帽禦寒。中國僧服使用漢服，爲適應漢地氣候與國情。

雖然漢傳、南傳、藏傳佛教的僧服顏色與樣式不同，但無論是哪一種僧服，皆象徵著清淨離欲，都是僧侶的解脫衣，都是眾生的福田衣。

Question

22

爲何有些出家人獨居，有些則是住在道場？

依佛制規定，比丘出家後的前五年要先學戒律，所以不能離開依止的師父。待能具足五法：知持戒、知犯戒、知重戒、知輕戒、善知通塞，便可以離開依止的師父，自行參學，各隨所願。

出家人的養成

爲何學習戒律如此重要呢？因爲出家後需要先養成出家人的威儀、心態，並適應僧團的生活，而律儀能幫助人調柔身心，成爲威儀莊嚴的出家人。熟悉了戒律與適應出家生活，在依止師的道場住滿五年後，可以前往其他道場參學，或是就讀佛學院，或是另覓住處獨居。古代的禪宗祖師十方雲水參學，歷經重重鍛鍊，才能讓佛教開枝散葉建道場。

（廖順得　攝）

出家人的師徒關係

師父與剃度弟子間的關係，並非養父與養子的俗情牽絆，而是憑藉師父的接引之力為法船、橋樑，達到解脫彼岸。因此，剃度後並不表示要從一而終，可以青出於藍，更勝於藍，只要願心不退，條條大路通佛道。

Question

23

出家爲何要入衆、隨衆、依衆、靠衆？

出家生活爲離欲的生活方式，營造讓身、口、意三業清淨的生活環境，最佳的方法即是入衆、隨衆、依衆、靠衆。

所謂的衆，四者成衆，即是指僧衆、僧團。出家進入僧團即是入衆，入衆後應隨衆作息，過著規律的生活，依衆、靠衆來互相勉勵與成長，共同成就清淨、精進、少欲、知足的出家生活。

入眾、隨眾，少欲知足

每個人都有不同的興趣喜好與生活習慣，一旦出家入衆，所有僧人的生活模式、起居作息，均應相同。隨衆是隨著大衆、適應大衆、配合大衆、奉獻大衆。

（李蓉生　攝）

要能尊重規約，隨順配合。如非重病，無論早晚課或出坡，都應隨衆參與，以提起道心。

出家是爲終止輪迴了生死，想要出離生死，就要先學習過離欲的生活。但是，離欲的生活不只是剃髮、素食、獨身，要從少欲知足和精進的心行著手。雖然個人也可自修用功，但是封閉的內在，容易起煩惱，反造生死業。透過隨衆放下自我身心，不執著自己的喜好，能減少我執、降低造作生死業的機會。隨衆生活能讓人作息規律，煩惱減輕，身心開朗。

依眾、靠眾，相互勉勵

僧衆共修共住的力量，可以互相規範、互相勸勉，即是依衆、靠衆。雖然有的人不喜歡團體生活，希望能有較多自己的時間與空間，但往往反會積聚煩惱，因爲煩惱是與自私自利相應的，而且很難察覺。就僧衆來說，其實共修會比自修更容易進步成長，因為透過團體的切磋琢磨，砥礪磨鍊，可以磨除自己的稜角缺點，並且培養慈悲與智慧。

佛教僧伽的意思，並非只是僧眾聚集在一起，而是僧眾一起修行、一起生活，如果各自為政，不能同心，就發揮不出依眾、靠眾的力量。而當僧伽依六和敬而行，即是和合僧，即是人天師範的的僧寶。

Question

24

爲何僧人要結夏安居？

學校有寒、暑假，僧團也有結夏安居或結冬安居，但是佛教的安居不是放假出遊，而是在寺院內密集修行一段期間，已達到剋期取證，亦即能有所證悟。因此，在僧團安居期間，寺院大多會停止一切對外活動，如果想要參訪寺院，要避開安居期間。

安居護生

安居的起源來自佛陀時代，由於印度的雨季是草木、昆蟲重要的生長期，如果僧團外出托缽，難免會傷害到很多小動物，佛陀爲長養僧衆的慈悲心，避免世人譏嫌，便規定在四月十五到七月十五的三個月期間，不能外出托缽乞食，要在道場裡安居，稱爲結夏安居。隨著佛教的弘傳，安居除在夏季舉行，也在冬季進

（梁忠楠　攝）

行。因爲北方的冬天寒冷，大雪冰封時無法外出，所以從十二月十五日起，舉行為期三個月的結冬安居。而現代很多寺院，仍保留結夏安居的傳統，只是時間長度與日期會有所調整。

自我用功，成就道業

安居的起因，本爲護生；安居的功用，則爲修道，讓每個僧衆能有自我用功的時間，一心辦道，成就道業。

Question

25

中國佛教僧伽教育如何發展？

僧伽教育是出家人的修行養成教育，不同於佛學研究、信眾教育，特別重視道心與僧伽本分教導，希望解行並重，實修實證，自利利他，讓正法久住世間。

傳統僧伽教育

佛教最早的僧伽教育，由佛陀親自教導出家弟子。而當佛教傳入中國後，由於文化背景異於印度，所以開展出中國佛教特色的僧伽教育。寺院是當時的最高學府，重視譯經與研究法義，所以譯場與講座發展蓬勃。隋唐時代是中國佛教發展的黃金時期，寺院的僧伽佛學教育非常多元，提供專科或通論式佛學教育。大規模的譯經場，造就許多高僧。由於僧教育的成熟，當時佛門可說是一流人才的雲集地。

自唐代百丈懷海禪師建立禪宗叢林制度，便完成了佛教中國化。禪林的僧伽教育特重制度，以此規範千百人僧團的生活作息與參禪修行。可惜的是，自明末以後，叢林僧伽教育淪爲徒具僵化的形式。

現代僧伽教育

清代不少僧人爲未受教育的文盲，因爲很多無業遊民藉出家寄生寺院，導致佛教的積弱不振。清末列強入侵，讓社會覺醒覆亡危機，面對中西文化衝擊，社會和佛教都產生反思和變革之心。清末民初的廟產興學風波，讓佛教瀕臨亡教窘境，不得不自護寺產、自辦學校。值此內憂外患情況，現代僧伽教育應運而生，佛學院遍布大江南北，僧衆、居士與學者一起促成近代佛教文化復興。

佛教教育發展迄今，臺灣佛教興學風氣昌盛，許多綜合性大學皆設有宗教系所，培養佛學研究人才。但是出家人的養成，還是需要由佛教寺院進行僧伽教

（王育發　攝）

育。如何培養合格的僧才，對現代僧團來說始終是一大難題，應該延續傳統的叢林教育，或是開展現代的學院式教育，或是結合兩者所長，仍在持續探索與開展。畢竟僧伽教育是終身教育，並非畢業即能成為現代所需的宗教師。

佛陀是大教育家，為眾生指出了轉迷為悟的真理法則與道路。而只有培育僧才，才能荷擔如來家業，僧僧不息，引領眾生同得解脫！

Question

26

僧團有哪些基本執事？

僧團的執事稱爲僧執，與世間職場不同的是，僧執只有責任輕重，職務沒有地位尊卑、大小之別。

通常寺院的僧執可分爲四種層次：

一、**指導層次**

如方丈，負責領導精神、掌握原則、維繫方向。

二、**領導層次**

如都監、監院，協助方丈做整體規畫溝通、協調，推動各項弘法利生事業。

三、**管理層次**

如維那、知客、典座，即各組的組長要對所屬監院負責，協助監院照顧寺院事務。

四、**執行層次**

如清衆，即各組的組員，即傳統的叢林四十八單執事。

傳統的大叢林有四大班首：首座、西堂、後堂、堂主，以及八大執事：監院、知客、僧值、維那、典座、寮元、衣缽、書記，有些執事名稱今已不常見，但可從中看出僧團制度的井然有序。

所謂「千年的常住，雲水的僧」，常住是指佛、法、僧三寶，三寶是永遠不變的，出家人則如雲水般地流動來去，僧執則是爲十方常住三寶所服務。雖然寺

（李東陽　攝）

院會依規模大小不同而增減執事，有時往往會有一人身兼多職的情形，但無論執行哪一種任務，對出家人來說，無分大小，皆是修行辦道。

現代化的佛教僧團，積極做著入世、化世的法務。出家人除傳統執事工作外，現代僧團往往有出版文宣、教育文化、財會、公共關係、資訊管理等單位，並發展出相關事業體。僧團的現代弘法組織，會隨著環境需要而改變，但不變的是做著入世、化世的菩薩行。

Question

27 出家人爲何要有三刀六槌？

佛教常以三刀六槌，比喻出家人必須具備的基本生活和弘法能力。出家人如果具備三刀六槌，不但能領衆弘法，也可獨立自主建精舍自修，既能照顧自己的生活，也能協助他人。

三刀包括：

1. **剃頭刀**：能剃頭。
2. **剪刀**：能用剪刀做衣服。
3. **菜刀**：能用菜刀料理飲食。很多佛教祖師都是從廚房磨鍊出來的。

六槌包括：

1. **法器犍槌**：能敲打鐘、鼓、大磬、木魚、鈴鼓、鐺、鉿、引磬等法器。

2.刀鏟：能煮飯。
3.火鉗：能燒火。
4.鋤頭：能修補。
5.戒刀：用於剃髮、裁衣、剪指甲的半月形小刀。
6.筆墨：能寫信做文章。

不只古代出家人要十八般武藝樣樣皆通，現代出家人更是如此。現代出家人不能只會修行方法，卻沒有生活技能，像是開車、打電腦、修理電器或外語能力等。出家人如果能獨立自主，不但生活可以獨當一面，弘法也更爲便利。

佛教有句話說：「要出家，先學三年婆娘。」要學婆婆媽媽做的家事，其實就是指要會三刀六槌，勉勵出家衆養成頂天立地、獨立自主的性格，成爲別人的靠山，引領衆生深入佛教寶山。東初老和尚曾說：「當好自己個人的家，

（李蓉生　攝）

便能當一個寺院的家，能當好一個寺院的家，就可當天下衆人的家了。」出家人能如此，便能眞正當家作主。

Question

28

出家後如何修行？

現代僧眾法務繁忙，不但需要照顧僧團的執事工作，往往還需要弘法教學，或擔任寺院事業體工作。出家人每天的行程如此繁忙，還有時間修行嗎？

出家的生活作息

出家和在家的生活作息有很大不同，出家後需要隨眾作息。僧團通常四點就起板起床，清晨五點做早課，六點用早齋，早齋後出坡打掃，中午十二點午齋，午齋後午休，下午四點做晚課，晚上七點用藥石（晚餐），晚上九點安板睡覺。

雖然出家人的工作很多，但是每日都有固定的早晚課用功時間，無論再忙，所有的寺院都必定每日舉行早晚課，即是有精進不息之意。而除了早晚課，在其他時段也可以禪坐、拜佛、誦經，參加共修或自修。另外，寺院除了佛學課程或僧眾共修，每年都會舉行結夏安居或結冬安居，讓僧人可以有較長時間安排自修課程。因此，不論是一天之中或一年之中，都有很多修行的充電機會。

自助助人的修行生活

雖然很多現代出家人無法像傳統叢林寺院，從早到晚都在禪坐，但是出家後分擔寺院的工作，互相成就，不但是一種責任，更是自助助人的修行生活。

聖嚴法師於《法鼓晨音》勉勵出家弟子：「一進入僧團，只要用心體會，無一時非修行時，無一處非修行處，無一事不是佛事。只要我們的心安住在菩提道上，任何事皆是爲了十方常住及一切眾生而做。」能夠如此體會，時時處處皆好修行。

（李東陽　攝）

3

出家的典範

Question
29

最早隨佛出家的五比丘是誰？

佛陀出家後，他的父王曾命人將他追回，因見佛陀道心堅定，於是改派五位侍者：憍陳如、阿說示、跋提、婆波和摩訶男，隨他一起修道，以便就近照顧。這五位侍者，其實都是佛陀家族的親戚。結果這五位侍者，最終爲佛陀所親自剃度出家，成爲佛教最初的五比丘和僧團。

五位侍者在隨佛陀修行時，因見他放棄極端的苦行，不但食用乳糜，還到河中洗澡，以爲他退失道心，於是失望地全部離開。而當佛陀成道後，想到五位侍者不避寒暑，勞苦照顧他長達六年，希望能度化他們以回報恩情，所以來到鹿野苑爲他們說法。

五位侍者原本都決心不理會佛陀，卻被他的威儀所撼動。佛陀爲他們初轉法

（李東陽　攝）

輪，首次演說佛法，分享他親自證悟的妙法：四聖諦與八正道。五位侍者聞法後，第一位證得阿羅漢果的是最年長的憍陳如，最後一位證得的是最年輕的阿說示，他們全部都成為離欲的阿羅漢。

佛陀親自為他們剃度出家，佛教自此便有了比丘僧團，佛、法、僧三寶便圓滿具足了。

Question

30

佛陀的十大弟子是誰？

佛經常提及佛陀說法時，身邊有一千二百五十位大比丘，在如此衆多的常隨弟子裡，有十位佼佼者脫穎而出，各有獨特專長，爲人們所熟知與禮敬，被稱爲十大弟子或釋迦十聖。

一、**舍利弗**

智慧猛利，能解諸疑，故稱爲智慧第一。舍利弗尊者遍習世間技藝，通曉婆羅門的經論《吠陀》，廣解諸論，由於通達外典、善解邪論，所以智慧力能摧伏外道。

二、**目犍連**

神足輕舉，能飛至十方，故稱爲神通第一。與舍利弗爲至交，同時隨佛陀出家。目犍連尊者曾於禪定中見母親墮入餓鬼道，爲拯救母親而於佛歡喜日設齋供養僧衆，成爲盂蘭盆法會的由來。

三、摩訶迦葉

修十二頭陀行，能堪苦行，故稱爲頭陀第一。摩訶迦葉尊者被尊爲付法藏第一祖，是佛教第一次經典結集的召集人，阿難尊者誦經、優波離尊者誦律、富樓那尊者誦論，集成三藏聖典。

四、須菩提

性好空定，能通達空義，故稱爲解空第一。爲《金剛經》的請法弟子。

五、富樓那

善於弘法，分別義理，故稱爲說法第一。富樓那尊者能因人施教，所以能讓聞法者歡喜入道，度化者多達九萬九千人。

六、大迦旃延

分別深義，敷演教法，故稱為論義第一。迦旃延尊者不但辯才無礙，而且能為人詳細解說佛理，而以「善解經律，而能論義」聞名。

七、阿那律

因得天眼，能見十方世界，故稱為天眼第一。阿那律尊者為佛陀的堂弟，與阿難尊者同時出家，曾在聽法時瞌睡，受到佛陀斥責而立誓不睡，竟因而失明，但他勤修不懈，終得天眼。

八、優波離

嚴持戒律，絲毫無犯，故稱為持戒（律）第一。優波離尊者原為王宮理髮

（江思賢　攝）

師，與王子們一同出家。由於他在第一次經典結集誦出律，所以被尊爲律藏傳持之祖。

九、羅睺羅

不毀禁戒，誦讀不懈，故稱爲密行第一。羅睺羅尊者爲佛陀之子，是僧團沙彌的始祖。

十、阿難

知時明物，多聞不忘，故稱爲多聞第一。阿難尊者爲佛陀的堂弟，是佛陀的常隨侍者。佛陀的姨母和五百釋氏女得以出家，皆是阿難尊者盡力請求之功。

Question

31

佛教第一位比丘尼是誰？

大愛道是佛陀的姨母兼養母，爲比丘尼的始祖。大愛道本是印度天臂國的公主，爲摩耶夫人的姊妹，先後嫁給淨飯王爲后。

悉達多太子才出生七天，母后摩耶夫人便去世，大愛道於是承擔撫養重擔，即使後來生下難陀王子，對於太子仍視如己出。當悉達多太子出家成道後，大愛道也修學佛法，淨飯王辭世後，大愛道帶領五百位釋迦族女子捨棄王族榮華富貴，請求佛陀允許女子出家。

當時僧團只接受男子出家，大愛道再三懇求皆遭佛陀婉拒。即便如此，大愛道與五百位釋迦族女子仍不辭萬苦，穿壞色衣，風塵僕僕追隨佛陀行腳弘法。直到侍者阿難看到疲憊不堪的她們，心生不忍，於是以大愛道對佛陀的養育之恩，

（王育發　攝）

代爲懇求出家，終於得到佛陀首肯，並說比丘尼戒律，大愛道如願成爲第一位比丘尼，比丘尼僧團也終於成立了。

大愛道出家時已高齡一百歲，卻不倚老賣老，也不依仗自己是佛陀姨母要求特殊待遇，而是更加謙虛用功，不久便證阿羅漢果。由於大愛道協助領導比丘尼衆，並廣做慈善關懷，深得人們敬重，佛法也因而能在女衆中快速普傳。

沒有大愛道，就不會有比丘尼僧團，以堅決毅力改變了女性的命運。大愛道百折不回的求道歷程，以及致力協助度化比丘尼，誠爲修行的楷模。

Question

32

中國第一位比丘是誰？

誰是中國的第一位比丘，有兩種說法，一說是漢代嚴佛調，另一說是三國曹魏朱士行。爲何中國第一位比丘會有兩種說法呢？主要在於無法確認嚴佛調是否已受比丘的具足戒，如果他已受完整的出家戒，便是中國第一位比丘，但就史料記載，只能得知他是中國第一個出家人。嚴佛調從安世高出家爲僧，安世高本爲西域安息國的王子，後來成爲譯經高僧。嚴佛調從師學習譯經，是中國首位譯經助手，他所撰寫的《沙彌十慧章句》，更爲漢人注疏佛典風氣之先。

朱士行是中國第一位依法受戒的比丘，也是中國最早西行求經的僧侶。朱士行的法號爲八戒，相傳爲《西遊記》的豬八戒原型。《西遊記》是虛構的小說，朱士行由長安遠赴于闐取經直至身故異國，則是用生命完成的眞實高僧故事。

（倪善慶　攝）

Question 33

中國第一位比丘尼是誰？

中國第一位比丘尼是晉代的淨檢法師，俗名仲令儀。因丈夫去世，爲謀生而擔任官宦子女的家庭教師。她一心想求法，卻無處請益，直至遇見法始法師。

當時中國沒有比丘尼，但仲令儀見佛經中有比丘、比丘尼，希望法始法師能度她出家爲尼。法始法師表示印度確實女子可出家，但是漢地尚無此法。仲令儀便與二十四位貴族女子，一同先於智山和尚座下剃度出家受十戒，法名淨檢。中土那時既然沒有受具足戒的比丘尼，自然沒有可傳戒的尼師，當時傳入的戒律也不齊全，幾經波折，終請得外國比丘曇摩羯多，於船上設立比丘尼戒壇，浮舟結壇於泗河，授予淨檢等四人比丘尼戒，方使中土比丘尼僧團得以建立。從發心出家到成爲符合資格的比丘尼，淨檢法師先後足足等待四十年，由此可知受戒之難。淨檢法師開啓中國女子受戒出家之路後，中國比丘尼衆從此綿延不絕。

Question

34

中國佛教的四大譯經師是誰？

中國佛教的四大譯經家爲：鳩摩羅什、玄奘、眞諦、義淨四大師（另有一說以不空大師代替義淨大師）。

一、鳩摩羅什

東晉的鳩摩羅什大師是龜茲國人，後秦皇帝姚興禮爲國師，名重一時。他的入室弟子多達三千餘人，門下名僧輩出，有什門四聖、八俊、十哲美稱。所譯經論凡三百餘卷，譯作《中論》、《百論》、《十二門論》爲介紹中觀的三論宗論書，對中國佛教影響巨大。鳩摩羅什大師的譯作優美流暢，爲普遍流傳、深受歡迎的譯本。《法華經》、《維摩經》、《金剛經》、《阿彌陀經》等經，廣爲人們持誦。

二、玄奘

唐代的玄奘大師自幼出家，見諸家對經典解釋不一，西行印度求法。幾經死裡逃生，他終抵印度那爛陀佛教大學，學成返國攜回經論六百餘部，得到帝王鼎力支持組織譯經院，聚集二千餘名僧大德。譯經內容包羅佛教各種派別重要經典，如《大般若經》、《大毘婆沙論》、《俱舍論》、《瑜伽師地論》等。他於主持譯場的十九年內，自律甚嚴，未曾一日懈怠，譯經多達一千多卷，占中國譯經總數四分之一強，居歷代譯經家之冠。

三、眞諦

南北朝的眞諦大師是西北印度優禪尼人，應梁武帝邀請來華，雖因戰亂而輾轉流落各地，卻譯經不輟，所譯經論多達近三百卷。由於眞諦大師的譯作，讓唯識學得以在中國開展。代表譯作包括：《攝大乘論》、《大乘唯識論》、《金光明經》等。

（江思賢　攝）

四、義淨

唐代的義淨大師爲河北范陽人，有感比丘律部不夠完備，而堅定到印度研究律學的決心。義淨大師是繼法顯、玄奘大師後的西行僧，歷經九死一生抵達印度。他先就讀那爛陀佛教大學，後留學蘇門答臘，遊歷印度二十餘年，經過三十多國。回國時，攜回梵文經論約四百部，並致力於譯經，共譯出經論二百多卷，其中以律部典籍居多，圓滿當年西行學律的願心。

Question

35

中國佛教八大宗的開創者是誰？

中國佛教主要共有八大宗派：唯識宗、三論宗、天台宗、華嚴宗、禪宗、淨土宗、律宗和密宗。中國佛教八大宗派，法脈皆源自佛陀，但公推印度龍樹菩薩爲大乘八宗共祖，因他的著作影響遍及八宗。雖然八宗法脈傳承遠及印度祖師，但實際開創者大都爲中國祖師，建立完整理論與修行特色，大興於隋唐，共創中國佛教的黃金時期。

一、天台宗的智者

天台宗是中國佛教最早創立的一個宗派，創建於隋代，因創始人智者大師常住天台山而得名。其教義主要依據《法華經》，所以也稱法華宗。

二、三論宗的吉藏

三論宗爲隋代吉藏法師所創立，依鳩摩羅什大師所譯《中論》、《十二門論》、《百論》三論立宗而得名，所以中國佛教常遠推鳩摩羅什爲開祖。但是眞正集其大成，開創此宗者爲吉藏大師，因住持嘉祥寺，被尊稱嘉祥大師，三論宗也稱嘉祥宗。

三、唯識宗的玄奘

唯識宗即是法相宗，唯識宗尊唐代玄奘大師爲中國始祖，爲中國佛教史上四大翻譯家之一，創立唯識宗。

四、華嚴宗的法藏

華嚴宗以《華嚴經》爲所依經典而得名，杜順大師是華嚴宗初祖，但是實際創始人爲唐朝法藏大師。因法藏大師字賢首，華嚴宗也稱賢首宗。

五、律宗的道宣

律宗因著重研習和傳持戒律而得名，律宗的實際創始人爲唐朝道宣律師，因他住於終南山，律宗別稱南山律宗或南山宗。

六、禪宗的達摩

禪宗又稱佛心宗，探究心性本源，以期見性成佛。禪宗的法統從佛陀傳到達摩祖師爲第二十八代，但中國佛教以印度達摩祖師爲第一代祖師，所以禪宗又名達摩宗。

七、淨土宗的慧遠

淨土宗即是念佛宗，尊東晉慧遠大師爲初祖。慧遠大師爲廬山白蓮社創始者，爲中國結社念佛之始，帶動中國淨土修行。

八、密宗的善無畏

密宗從印度傳入中國，善無畏大師致力於翻譯密教經典，爲密教傳至中國的先導。

Question 36

明末四大師是誰？

蓮池大師、紫柏大師、憨山大師、蕅益大師，並稱爲明末四大師。他們生於政治黑暗、天災人禍相尋的明末，卻横空出世，力度群迷，讓佛教爲之氣象一新。

一、蓮池大師

淨土宗八祖，主張禪淨雙修。世稱蓮池大師或雲棲和尚，生活簡單樸實，嚴以待己，刻苦修行，但是悲心特重，勉勵人多布施、持戒，積極推廣護生、戒殺，可說是現代動物保護、生命關懷的先驅，帶動社會群衆廣種福田的風氣。

二、紫柏大師

一生苦行，常坐不臥，行腳四方，眞參實修。洞悉禪門積弊，誓志挽救法門。印刻藏經，議修《傳燈錄》，以延續法脈。爲肝膽相照俠義僧，營救憨山大師、爭取罷礦稅案，以致被誣妖書事件而蒙冤下獄，最終從容坐化而亡。紫柏大師風骨凜然，爲人率眞正直，性情剛烈不阿，展現生死無懼菩薩行。

三、憨山大師

博通三藏，著作不輟，力倡禪淨無別。人生大起大落，卻不改禪者自在本色。生値亂世，發願以佛法濟世利民，卻無辜捲入太后的朝政之爭，多次被誣蔑私修寺院，而遭充軍與牢獄之災長達十餘年。雖充軍雷州（廣東），卻不減影響力，能以佛法度衆，並中興曹溪祖庭，大振六祖宗風。太后去世後，終得恢復僧裝。看盡人生無常，卻更能悲心度衆，可見其願力深重，如醒世洪鐘。

四、藕益大師

淨土宗九祖，持戒嚴謹，弘揚律藏，著作等身。少好儒學，誓滅佛、道，偶讀蓮池大師的《自知錄》、《竹窗隨筆》，始知破佛之非，從此虔心向佛。鑑於

（梁忠楠　攝）

佛教門戶分歧流弊，而力求諸宗調和，主張融合禪、教、律三學歸入淨土。修學博大精深，被視為明末佛教最重要的思想家。

Question

37

民初四大師是誰？

弘一大師、虛雲老和尚、太虛大師、印光大師，並稱爲民國初年四大師，是近代中國佛教的修行典範。風雨飄搖的清末民初，四大高僧猶如曙光乍現，不但讓佛教徒重拾修行的信心，更讓佛教面對時代新局，得以承先啓後，繼往開來。

一、弘一大師

本是民初知名的藝術家李叔同，精通書法、音樂、繪畫、戲劇，放下萬緣出家，法名演音，號弘一，爲民國中興南山律學的高僧。弘一大師感慨當時僧伽不守戒律現象，爲世所詬病，所以發願畢生精研戒法。弘一大師平生最推崇印光大師，效其不收徒衆，不主寺剎之風，僅以寫字與人結緣。清純恬淡、孤高耿介的風範，深得人們崇敬。

二、虛雲老和尚

爲民國以來，以一身傳承曹洞、臨濟、雲門、法眼、潙仰五宗法脈的禪宗高僧，一生致力於中興佛教道場，共計重建八十多座寺院。虛雲老和尚不只是重興寺院，更重建道風，讓荒廢的道場能夠再度興盛，但他每於竣工時另覓住持，悄然退隱。虛雲老和尚以一百二十歲高壽圓寂，但他傳奇的一生，以及堅苦卓絕的修行毅力，仍持續感動無數人們。

三、太虛大師

爲近代佛教最重要的改革家與思想家，發起以人生佛教爲主軸的佛教復興運動，改革僧伽制度，倡導人間佛教。終其一生，皆爲實踐佛僧、佛化、佛國的三佛主義而努力。爲提倡僧教育，設立武昌佛學院、閩南佛學院、漢藏教理院；創辦《海潮音》等多種佛教雜誌弘揚佛法；著手組織世界佛學院，以建立人生佛教，促使佛教世界化；派遣學僧留學，以從事巴利文、梵文、藏文研究，爲佛教

（李東陽　攝）

養成無數傑出僧才。雖然太虛大師自認佛教改革並未成功，但他所造成的影響力無遠弗屆，塑造出漢傳佛教的現代面貌，以及人間淨土的理想願景。

四、印光大師

淨土宗十三祖，倡導老實念佛，在近代淨土宗影響力，無人能及。自稱常慚愧僧，一生勤儉無私，自奉極薄，食則唯求充飢，衣則唯求禦寒，對於信眾的供養，悉代為廣種福田，或流通經籍，或以救濟飢貧。一生棄絕名利，以身作則，振興佛教，弘揚淨土宗，居功至偉。

Question
38
爲何要讀高僧傳？

什麼是高僧呢？是修行法術高深莫測，或有千變萬化的神通嗎？這些都不是出家修行的目的，自然不會是高僧的條件。高僧是指德行崇高的僧人，值得爲學習修行的典範。

名僧與高僧

高僧傳一稱，出自南北朝梁代慧皎法師撰寫的《高僧傳》，這是中國佛教第一部有系統的僧傳記。南北朝時，與名士往來頻繁的僧人，被稱爲名僧，慧皎法師對此頗不以爲然，他認爲修行是出家人的本分，有名者不一定有修行，而眞修行者不一定爲人所知。因此，不同於寶唱法師所撰的《名僧傳》，慧皎法師特以「高」字爲編寫僧傳的標準，專門記錄他認爲品德高尚、學識優良的僧人。

《高僧傳》分類方式和寫作形式，是後世僧傳的典範。佛教從印度傳入中國，首推翻譯經典之功，譯經僧或跋涉沙漠或飄洋過海，不惜生命取經求法。閱讀僧傳，可知求法不易，而珍惜法寶，禮敬僧寶，並能理解佛教的發展歷史。

高僧的思想、行誼、事蹟

高僧傳寫作方式發展迄今，愈來愈多元活潑，有通俗易懂的高僧小說，也有適合兒童閱讀的高僧故事繪本。從閱讀人物故事來學佛，特別容易入門，因爲眞實的人生體悟、感人的故事情節，格外具有啓發宗教情操的力量。

如何從高僧傳學習修行呢？聖嚴法師於《法鼓家風》指出：「高僧的生命，可以從『思想』、『行誼』、『事蹟』三個面向來看，其中的行誼，大要地說，就是高僧一生處世的風範。」因此，我們可由高僧故事的思想、行誼、事蹟，學習出離心與菩提心，成長自己的慈悲心與智慧心。

（廖順得　攝）

4

出家的考驗

Question

39

出家人全年無休嗎？

出家人的生活態度，是晝夜六時皆精進不息，終生奉獻給三寶和眾生。

放香不是放逸

僧眾不可能不眠不休，也需要休息，如放香的休息放假日。所謂的放香，是相對於坐香（坐禪），禪坐是以一炷香時間計時，放香則是休息。但是僧團的放香，並非爲了出外遊玩或應酬聊天，而是讓僧人有處理自己私事的時間。例如洗衣、補衣、寫信、親友會客等。放香屬於個人的時間，卻不得隨意離開寺院。因此，放香日不是放逸日，不能用於休閒娛樂。

（傅傳宏　攝）

隨時安住當下

或許有人會疑惑，法師們假日不休息，全年無休地發心不會累倒嗎？對於一般人來說，平日忙於工作，假日需要放鬆休息，才能調整身心。而對於出家人來說，比起身心的休息，更重要的是放鬆身心、放下身心，以消融煩惱。出家人知生死無常，隨時都能安心於道，更能安住當下，所以不需要依靠放假來調心。

Question

40

很多僧人出家後工作更忙，何必出家呢？

同樣的一份工作，會因著目的不同，意義也隨之不同。出家前工作，是爲了三餐溫飽而謀生，爲了得到成就肯定而努力；出家後領執，則是爲了弘法利生而奉獻。

不挑工作，隨緣奉獻

一般人工作都希望能發揮自己興趣專長，選擇待遇佳、福利好，有發展前途的事業，出家人則是不挑選工作的，配合僧團安排，不會的就學習，會了就服務，寺院安排做什麼工作，就做什麼工作。出家人不會用工作累積薪水財富、權勢力量，只會藉事鍊心，消融自我。

（周淑瑛　攝）

為了行道而工作

聖嚴法師於《法鼓晨音》說：「在家人爲了生活而工作，出家人是爲了行道而工作，以佛法助人、助己。一般人每天忙著開門七件事，經常不離貪、瞋、癡三毒，所以不是修行；出家人的執事，雖也要忙開門七件事，但是與戒、定、慧的三無漏學相應，所以就是修行。」出家後工作，處處與戒、定、慧相應，自然法喜充滿了。

Question

41

出家眞的離了家嗎？

常有人說：「出家就再也沒有機會孝順父母了。」這是一種誤會，出家是割愛辭親，並非拋棄父母，是從煩惱的、世俗的家庭，進入清淨的、出世的修行環境。

視一切眾生為眷屬

對在家人而言，一生的歷程就是結婚成家、安居樂業，生活只與少數人互動，可是一旦出了家，便是發願度所有的衆生，要和一切衆生結緣，將全部的生命和時間奉獻來服務人群社會。

可以說，出家是離開了家族之家，而進入視一切衆生爲眷屬的法界之家，但

（施純泰　攝）

必須以今生的父母爲主要度脫對象。而且佛陀也規定，如果父母不同意，不得出家。出家後，若父母無人撫養，即使沿門托鉢，也得奉養父母；而且在家時，如果不孝順父母，也不得出家。

盡孝道與責任照顧家人

出家人不但精進自己的道業，也會接引俗家的親屬家人一同修學佛法，一起從煩惱中得到解脫。出家奉獻，更能將親情小愛化爲利生大愛，普利一切衆生。如果父母年老生病乏人照護，也會協助照顧，絕對不會棄之不顧。

所謂的出家離了家，是離了煩惱的家，離了生死輪迴的家，如果心心念念於家，將無法專心向道。無論是父母或親友，皆爲自己發願要度的衆生，皆爲日日早晚課迴向的對象，但願同出三界家，同入如來家。

Question 42

藏傳佛教的僧人素食嗎？

佛教並未規定，所有佛教徒都必須素食。素食是大乘佛教的特色，出於慈悲一切有情眾生，而不忍食其肉。藏傳佛教雖也屬於大乘佛教，可是西藏位處交通偏遠的青藏高原，氣候惡劣，難以種植蔬果、穀物，所以需要肉食。

藏傳佛教僧人其實也有素食傳統可循，許多藏傳佛教上師都立誓素食，終生不沾葷腥。無論依據大乘佛教經典或是密教經典，皆沒有因肉食而可成就佛道的說法，反而有很多食肉過患的開示。因此，修學密法必須吃肉才能獲得成就的說法，可說由誤解而生的無稽之談。藏傳佛教即使因環境條件不便素食，對於肉食也謹遵佛陀教誨：不自殺、不教他殺、不見殺隨喜、不親自或令人爲自己宰殺動物。而隨著藏傳佛教的弘傳全球，現代僧人飲食環境不同於傳統，有愈來愈多的藏傳僧侶皆嚴持素食，並鼓勵信眾茹素。

（李蓉生　攝）

Question

43

僧服爲何維持古裝，不改爲現代服裝？

僧服可能是公衆場合內，穿著最無違和感的古裝了。但是，有很多人好奇穿僧服會不會冬冷夏熱？爲什麼不改穿現代服裝，行動不是比較方便嗎？

中國僧服樣式能維持傳統風格，一定有其不可替代的優點。社會大衆只要看到僧服，一眼就能識別出家人，如果改穿爲現代服裝，恐怕就會難以判別，甚至變成像公司制服，失去莊嚴形象。

雖然現代服裝確實穿著更舒適合身，可以行動自如，但是在出家威儀的養成上，僧服還是比較有安定攝心的力量。如果比較法師從佛殿走出來的畫面，一身西裝筆挺和一襲飄逸長衫，哪種感覺比較能讓人油然生起禮敬心呢？爲什麼僧服要維持古裝，答案便不言而喻了。

（廖順得　攝）

Question

44

出家要調整性格與生活習慣嗎？

出家要有大決心：「昨日種種譬如昨日死，今日種種譬如今日生。」出家後的修行生活，要從身、口、意三業做性格與生活習慣的轉換，培養出僧人的威儀。僧寶之所以為人敬重，有感化的力量，即在於慈悲安定的威儀攝受力。

出家人可分為三種類型：

一、和闖

指出家後不久，便到處闖碼頭、找道場，看似勤學參訪，其實是居無定所，學無常師，所以行止不得體，缺少威儀。佛制出家要在剃度本師的道場學住滿五年，學習出家律儀，便是希望言行舉止要有出家人的威儀。

二、和樣

和樣也就是僧樣，外貌有出家人的莊嚴形象，言行舉止有威儀，佛事也熟練穩健，但是課誦、禪坐皆難除妄想，無法專一修行。修行者應身儀、口儀、心儀皆端正，和樣因爲煩惱不斷，所以只有身儀、口儀，而沒有心儀。

三、和尚

和尚是以和爲尚，引申爲心有寄託，能踏實地安於道。能安住於道，就會有菩提心、有慈悲心，能關懷人、諒解人，隨緣度化衆生，成爲一寺之主或能弘化一方。和尚可以擔任修行的老師，是非常穩定的出家人。

威儀是生活態度，也是生活習慣，聖嚴法師曾說：「出家人的生活威儀，乃是由外形而內觀的修行方便之初門，自攝身而至攝心的最佳方法，亦爲自修至能化人的正途坦道。」威儀齊整的出家人，能讓人油然而生敬僧向道之心。

（釋常鐸　攝）

Question

45

出家人會擔心老年無人照顧嗎？

一些父母無法同意子女出家的理由是：「你老了，誰來照顧你？」由於出家人強調放下所有名、利、財、勢、位，因此出家後要安住僧團，過少欲、清淨的生活，不能再接受父母的財產，所以父母總是會擔心子女出家後的晚年生活乏人照料。

其實，出家人在物質上無個人恆產，但是僧團會供給所有的生活所需，不論食、衣、住、行，或是生病就醫，僧團除有醫療上的照顧，晚年如果無法領執工作，也都有僧人協助照護。因此，出家人只需要擔心自己是否能了生死大事，反而不需要擔心晚年生活或身後事。

（廖順得　攝）

Question

46

出家人可以看電視、聽音樂，用3C產品嗎？

戒律規定出家人不能歌舞伎樂，是爲了保護僧人的梵行清淨，不受聲色犬馬所染汙。

然而，因應現代弘法需求，出家人不但需要對外聯絡，更必須「秀才不出門，能知天下事」，所以3C產品就成爲不可或缺的溝通交流與資訊工具。特別是電視、網路平台、廣播電台，都是重要的弘法管道，出家人爲方便弘法，可因工作所需，而看電視、看電影、聽音樂，以製作佛教影片、佛教音樂，或使用影片來教導佛法等。

如果心能於法相應，不論是汽車、電腦、電視、音樂、手機，都可成爲弘法的道具，反之則是障道的因緣，因此，關鍵還是在於使用的動機和目的要清楚。

（釋常鐸　攝）

Question

47

爲何說比丘常帶三分病？

俗話說：「比丘常帶三分病。」生病是一種助道的因緣，能夠讓出家人警醒無常、精進道業，並體會他人的病苦，但願衆生得離苦，增長慈悲心。

但念無常，愼勿放逸

佛陀時代，出家人一天只睡四小時，一天只吃一餐，生活非常刻苦。這樣的處處不得飽足，反而能讓人珍惜當下修行因緣，不像世間人爲貪著三餐美味、飽足睡眠而虛度光陰。因佛制本爲過午不食，所以禪宗出家人稱晚餐爲藥石，將用餐當作服藥而食，當作是治療飢渴的病。〈普賢警衆偈〉更說：「是日已過，命亦隨減，如少水魚，斯有何樂？當勤精進，如救頭然，但念無常，愼勿放逸。」

（釋常鐸　攝）

激發出離心

其實，只要有生命，就必然有生老病死之苦，佛陀因此而領悟人生的無常、苦、空，決心出家修解脫輪迴之道。比丘常帶三分病，更能激發出離心，甚至觀照病苦，放下執著心，而成爲見道、修道因緣。

48

出家人如何面對煩惱？

出家後，不會因爲剃髮，煩惱就隨著三千煩惱絲消失不見。就如僧人需要每月剃髮，煩惱也是需要常常剃除。直到煩惱斷盡，因此在出家人的修行過程裡，隨時隨地都要面對煩惱，而面對的方法即是提起道心。

道心即是菩提心與出離心，離開了道心，就有煩惱。所謂的菩提心，即是成就衆生；所謂的出離心就是不自尋煩惱。如果一心只想著自己的問題，煩惱就重；如果念念皆爲衆生、爲他人、爲三寶，即是道心。菩提心與出離心如鳥的雙翼，必須兼顧，才能堅定道心，自在修行。

如《華嚴經．淨行品》的經文，以般若來引導清淨的修行。日常生活的每一個心念、動作、每一句話，都憶念著「當願衆生」，就能提起悲願心，放下煩惱心。

（釋常鐸　攝）

Question
49

未來的社會還會有人出家嗎？

傳統社會的生活環境單純，山林寺院與繁華城市相距較遠，所以僧團能維繫千百位僧眾的叢林制度。而當僧眾必須在都市叢林弘法，除現僧相、茹素、梵行、無私產，其他生活環境與一般人相同時，很容易沾染世俗習氣，需要堅持道心不退，方能面對種種境界考驗。

轉染成淨的修行之道

雖然現代生活的享樂誘惑，確實容易讓人貪於安逸，但是面對空氣汙染、噪音汙染、水汙染、戰爭殺戮、人心不安……，連基本的飲食都擔憂其安全性，這些都會讓人體會娑婆世界的苦惱，感受苦、空、無常，從而產生出離心。出家不是尋求烏托邦或心靈桃花源，而是一個能轉染成淨的修行之道，因此有志出離

（廖順得　攝）

者，自會相偕而行，求度出家。

出家修道為解脫之道

出家人正因深知娑婆世界、五濁惡世的煩惱汙染，深知五欲之樂實爲苦的聚集，所以確信出家修道是唯一解脫之道，對於世俗享樂棄如敝屣，因此能塵不染心，成爲出塵之僧。如以火海比喻欲望，出家人見衆生皆如飛蛾撲火，只會以慈悲法水滅火，決不會引火焚身。

只要，正信的佛教存在，佛、法、僧三寶具足，出家之門將能永遠敞開，出家之路必有人行，不必擔憂無僧寶續佛慧命。

Question
50
現代出家人如何弘法？

現代出家人走出深山叢林，走入都市叢林，一樣地朝暮課誦不斷，但是弘法方式卻大大有別於傳統，出家人的法器，不只是大磬、木魚，弘法利生的好幫手，還包括電腦、手機、汽車等現代用具，都能讓法音宣流遍十方。

主動將佛法帶給社會人群

出家人的活動範圍不局限於寺院，深入到社會各種不同層面。現代出家人不只是超度亡者，更重於爲現世人們超度身心煩惱；出家人不再是傳統的不問世事刻版印象，而是關懷世界與人類未來，主動地、積極地用各種現代弘法方式，將佛法帶給社會人群，提供安心的力量。

透過出版佛教雜誌、書籍、有聲品，經營網站與臉書社群，讓人們可以方便閱讀、聆聽佛法，甚至直接連線請法；透過社會關懷，慈善救助、醫療照顧、災害賑災、監獄弘法、生命教育、老人照護等，展開全方位的關懷；透過文化教育，佛學研究、信衆教育、佛化藝文課程活動等，讓佛法教育能更深層、更多元也更寬廣地推廣出去；透過宗教交流，讓佛教可以跨越宗派、跨越信仰，一同致力世界和平、生態環保、人道關懷，共建人間淨土。

有悲願的出家人

大乘佛教的特色是適應力強，弘法能因人、因時、因事而彈性調整，所以能很快適應時代環境，開創新局。爲了適應衆生的學法需求，出家人的弘化工作勢必與日俱增，要像觀音菩薩一樣千手千眼，才能普門大開，普度衆生。

然而，弘法的方法可千變萬化，但是立足點始終不變，如聖嚴法師的提醒：

（李東陽　攝）

「必須立足於化世，而不是戀世及厭世的基本觀點上來為世俗的社會服務；仍然要保持佛教的基本原則，以持戒、修定、發慧的三無漏學為先決條件，用佛法來拯救眾生脫離生死苦海為目的，否則，便會脫離佛法的淨化功能，而易於變質或成為流俗的攀緣行為，那就不是佛教的精神所在了。」

聖嚴法師常說：「佛教並不缺少出家人，但是缺少有悲願的出家人。悲願是不與知識、學歷或經歷成正比的。所謂有悲願，就是能夠將自己奉獻給三寶，以此來幫助眾生。」現代僧人出家無家處處家，懷抱出世精神，做入世事業，讓人們相信人間佛教，確實能安心、安身、安家、安業，人人得平安！讓人們看見人間淨土，確實能知福、惜福、培福、種福，人人有幸福！

學佛入門Q&A 23

出家50問

50 Questions on Becoming a Monastic

編著	法鼓文化編輯部
攝影	王育發、王傳宏、江思賢、李東陽、李蓉生、李澄鋒、周淑瑛、施純泰、倪善慶、梁忠楠、傅傳宏、廖順得、釋常鐸
出版	法鼓文化
總監	釋果賢
總編輯	陳重光
編輯	張晴
美術設計	和悅創意設計有限公司
地址	臺北市北投區公館路186號5樓
電話	(02)2893-4646
傳真	(02)2896-0731
網址	http://www.ddc.com.tw
E-mail	market@ddc.com.tw
讀者服務專線	(02)2896-1600
初版一刷	2020年02月
建議售價	新臺幣180元
郵撥帳號	50013371
戶名	財團法人法鼓山文教基金會—法鼓文化
北美經銷處	紐約東初禪寺 Chan Meditation Center (New York, USA) Tel: (718)592-6593 Fax: (718)592-0717

法鼓文化

國家圖書館出版品預行編目資料

出家50問 / 法鼓文化編輯部編著. -- 初版.
-- 臺北市 : 法鼓文化, 2020.02
面； 公分
ISBN 978-957-598-837-1（平裝）

1.佛教 2.問題集

220.22 108021889